AF397673

Kustantaja: BoD - Books on Demand,

Helsinki, Suomi

Valmistaja: BoD - Books on Demand,

Norderstedt, Saksa

ISBN: 978-952-80-8261-3

JERRYKANNUSSANI ON KILJUA

RUNOJA

Humala tuo minut ihmisten tasolle

Olen suljettujen Anttiloiden

Speedy Gonzales.

Raippaluoto
Sataa kauneutta joka
ei lähde pois.

Kameraeläintarhassa
objektiivin läpi nähty
näennäistodellisuus.

Pysyvintä meissä se että
ihmiset saavat aikaan ainoastaan
tilapäisyyttä
Yhden askeleen verran
pohdittua filosofiaa.

Jotkut heittävät natsoja
kuten sanoja kadulle
Runoilija noukkii ne
Pistää vielä tupakaksi.

Nostat hametta kuin esirippua
Jalkojen välistä erottuu muuri
Vapaus joka tulee ylittää.

Tuoksut shampoolta
kedon kukilta
auringolta joka on mun hikeä
Olet kesä
Mun syksyni puistossa.

Ajattelen sinua
Seisokki
En saa kaljatölkkiä auki.

Mummo elää nuukasti
Pankissa eläkkeet
Mummo ei tiedä
ettei tässä maailmassa
kukaan säästä ketään.

Lapsi joka särkyneiden
muistojen kammalla
selvittää hiukset ja
vanhempiensa riidat
aamuun asti
Käy nukkumaan kun
on aika herätä
Lapsuus on paikka
2000-luvun mielikuvituksessa.

Metro ajaa yöuneen
Herättyään lapsi huutaa pelokkaana
ja nukahtaa uudelleen kun kaikki
matkustajat ovat jääneet pois
ja äiti on tässä.

Irstaat miehet juovat viinaa
Tankotanssija juo Spriteä
Rahasta on niin vähäksi
Rahalla saa katsella
Koskettaa vasta kivullaan
Niin kuin tuuli yövuoron jälkeen.

Humala on sivistyksellinen viiniä.

Kulkukoirat ovat merkki
välinpitämättömyydestä
portaille hylätyt lapset
kertovat köyhyydestä
Mitä jumalat haluavat meistä
Maha kurnii vaikka on täynnä
hengen ravintoa.

Lapset keräävät kadulta luoteja
Pelkäävät öitä ja pommikoneita
Valon hiljaisuus ainut toivomme.

Laihat kalastajat
Verkot täynnä romua
Ruokapöydässä lapsi
siirtää annoksensa minulle
Vesipisarat silmieni ikkunalaudoilla.

Leikkipuiston laidalla
kirsikkapuita
Näen japanilaista unta
Elokuva ovenripaan
jätetystä kimonosta:
Minua odotetaan kylpyyn.

Raippaluodossa kotkat
lentävät sateenkaaren
Moottoriveneiden surina
pilaa maiseman.

Sain sinulta postikortin
Tiedän ettei prostituoitu pysy
yhden kanssa
Tahdon kuitenkin rakastaa
Näyttää kuten vastasyntyneen kätilö
että kaikki kymmenen sormea ovat
tallella.

Ikävä
Voisiko joku toinen
kuitenkaan tehdä meistä
runoja.
Ostin kasvin yksiöön
Olisi joku jolle puhua
Kanssasi siellä olin vapaa
Nyt minut lokeroidaan
Elän muuttolaatikossa.

En kaivannut kaupunkia melua
En kaivannut kylläistä leijonaa
En osaa päättää mistä olen paitsi
Meri seisoo tyhjänä
eikä auta vaikka sitä kuinka kivittää
Kaikki on sen syytä
joka kävelee vasta vihreillä valoilla.

Hesarilla sade ja puhelinkioski
Soitan tutulle gimmalle
Voiko tulla
Haista vittu
Ajan parran Kallion baarissa
Vesi maksaa
Kotona ollaan.

Tiedän että sinä jäät tänne
kuu kylä savu
Ikävä maistuu paikalliselta
pontikalta
Lentokoneessa ei tunnu
että tekisin matkaa
pää pilvissä.

Kampaan hiukset pitkästä aikaa jakaukselle
Tuoksut mandariineilta
koskemattomalta tropiikilta
Olet pimeyteni vastavalo.

Regina on korruptiopoliisien mieleen
Prostituoidut käyttävät
liukuvoiteena neitsytoliiviöljyä
Seeprapeipot näkymättömissä
häkeissään
Hullu kuu puolillaan taikauskoa
Woodoo
Kyrpä pistää sydämeesi
Vannot rakkautta.

Sinä ja kolibrit hehkutte
Kaikki tuntuu kevyeltä
kantaa.

Kävimme alasti uimassa
Jatkoimme unta josta
täällä ei tarvitse herätä.

Poltan sanomalehtiä
romanien leirinuotiolla
Otsikot niin tärkeitä
että puhumme kaikesta muusta.

Sypressin alla siesta
Punnitset sormilla kiveksiäni
Halusit tietää ovatko maailman
asiat tasapainossa.

Yhdyntä hänen kanssaan
oli raikkaita tuulia ja simpukoita
Pyyhin valkeaan lakanaan
Tulikärpäset kuin valvontakameroiden
silmät.

Puerto Ricossa
nainen rinnat paljaana
Olen humalassa
Tahdon hänet viereeni
ankeaan aamuun;
ratkaista sillä tavoin
monikulttuurillisuuden
ongelmaa.

Soudin tyhjään saareen
Olin teltassa yötä
Ei roskia
Ylikansoittumisen jälkiä
Ajattelin jäädä
mutta jopa yksin tuntuisi täydeltä.

Laituri odottaa merta
Koivut sateella kuin märkä saunavihta
Rakastaminen näyttää helpolta.
Ei voi hiekkarantoja pilata

Anttilan tavaratalo lopettaa.

Etsin suuntaa
polkua joka puhuu
karjan umpeen
Sanoja kasvaa siellä
missä ihmiset eivät viihdy
On löydetty muutama syykin
Tiet eivät löydä perille
ilman kuskia.
Hirvi ohjasi liikennettä
Kun metsä hakattiin
hakeuduttiin toistemme seuraan

Oltiin yhdessä soiva jukeboxi.

Eero ei tahdo mun luo
Se inhoo nötköttipurkkeja
Eu-kassi ruokaa
Mä dyykkasin just maksalaatikkoa
mut puolukkahillo pitää ostaa
viedä tyhjät pullot.
Eero saa tahtonsa läpi
Itsensä läpikulkumatkaa varten
pummaa vielä vitosen.

Sä haluut katkaista välit
Mä annan sakset
Eero-poika ei halua isälle
Äiti on töissä karkkikaupassa
Sä oot ku Aleksis Kivi
Mut sehän on kuollu
Niin säki Eero sanoi.

Yökerhojen yksinäiset valot
Miten vähän on siilejä
Miten vähän sellaisia mummoja jotka
jättää niille tähteet
Kadut kirkuvat mykkänä kuin pelokas tyttö.

Uutistulva täytti olohuoneen
Ripustin vaatteet kuivumaan
Potkaisin television nurin
Se putosi mustaan aukkoon
Näin silti Arvi Lindin Stokkalla.

Harmi ettei runoilla elä
Ostaisin metsää kaivoksilta
pelastaisin lapin
Kirjoittaisin runoni
sytyttämättä avotulta.

Naapuri soittaa Juicea
Pelataan korttia
Työ ei sovi kenellekään
Vieläkö meillä on kaljaa.

Kun hätä tulee
kiipeän kerrostalon katolle
pelastamaan kissaa
vaikka en puuhun uskaltanut.

Kun metsä loppuu
tulen kaupunkiin
kuten hauki puuhun.

Mainosvalot houkuttelevat
yksinäisiä pimeässä kaupungissa
Ainoa havainto on vartijan auto
Vapaudenpatsaalla on tylsää
Historia estää sitä liikkumasta
Sateen tuoksussa roikkuu
eläkeläisten kahvitarjousjono
supermarketin ovella
Käyn kusella vaikka
iltapäivälehdet kielsivät
En tiennyt etteivät ihmiset tee niin
ettei saa olla hätää
Kaunis saa olla
kansikuva ilman viritetyn
mopon ääntä.

Mansikat kasvavat parvekkeella
kuin väkiluku Vaasassa
Ilmastointi ei toimi
Rajalla on vilkasta.

Kauppalista on lyhyt:
Olutta ja tupakkaa
Rästilaskut putoavat postiluukusta
Naiseni nimi on Eeva
jolle riittää yksi omena.

Haisen vanhalta puutalolta
Kettukarkkeja keittiönpöydällä
Viinitahrasta kirjoituspaperilla
tulee paras runoni.

Kun luin Saarikoskea
aloin haista viinalta
Keräsin nokkosia teetä varten
kissa jahtasi myyriä
Istun puutarhakeinussa
lakastuneiden voikukkien
valo kurkussa.

Wanha Saarni räpyttelee silmiään
Latvaan kasvaa kruunuksi iltakuu.
Tuoksuu Potamogeton perfoliatus
hauen perkeet.
Ajatukseni saavat kärpästen hahmot.

Tämä kirja on tarina pakastimesta
ja ruokakomerosta

Muutos on ollut nopea.

Lapset oppivat äkkiä tietokoneen
mutta kuka osaa tehdä nuotion
jonka ympärillä lauletaan menneille ajoille.

Opin sillä välillä metsää

kun te ryntäätte ostamaan

obligaatioita ja sijoitatte

kiinteistöihin jotka

rakennetaan isoisieni

maille.

Vanhainkodissa ei näy hoitajia

Virtsasorsa ui vastaan

kuluneella käytävällä.

Elokuvissa näin kankaan läpi
Menimme piknikille syömään
pilaantunutta
juomaan sitä mikä on tylsää.

Nurmikolla itken kuollutta kyytä

Sekin surmattu vain siksi että

on käärme.

Ajattelen niitä jotka ajattelevat

toisin.

En ajattele kelloa
koska se pilaa elämän mahdollisuuden
Juon kiiretöntä kahvia
ihailen paksuja reisiäsi.

Rannalla unohdun laineisiin

runoihin ilman silmälaseja.

Aamulla en löydä toista kenkää

lompakkoa röökiä

runojen päitä.

Nauris on hapan

Nurmikko vaatii kastelua

sähkölasku maksajaa

Tuijotan kuuta joka ei

katsomalla putoa

ylimääräinen kolikko tilille.

Tulipalo

Mummo tulee kissa edellä.

Poikaset on nakattu pesästä

Runoni ovat kaupan

Onnekkaita lokit jotka

saavat joka kevät paritella.

Lumi on toivottu
Peittää alleen kaiken ruman
Kapakan eteen hylätty koira
palelee
Isällä on asiaa
Asiat jatkuvat kotona
äänellä joka ei ole hänen omansa.

Etsiminen on meissä

Ensin leikittiin piilosta

sitten etsittiin rakkautta

siemensyöksyä.

Olemme pudottaneet suomen
pois kartalta
Äidit synnyttävät adoptiolapsia
toiseen todellisuuteen.

Hissi jää kerrosten väliin

On aikaa kirjoittaa runoja

Olet mainingit

rannan keltaista hiekkaa

Tahdon upota silmiisi

hetkeksi sinuksi tulla.

Paljasjalkainen poika nokkosviidakossa.

71

Makaat päälläni

haluat kuulla

siittiöideni kuorolaulua

Haluat olla enemmän kuin

nainen

Riisut minut kaikesta turhasta

veikkauslapuista sytkäreistä

Onnellisia ne joiden valot

sammuvat kerrostalon ikkunoissa

petipuuhien ajaksi.